ニャンと空海

名取芳彦

宝島社

intro

はじめに

『ニャンと空海（くうかい）』とは、にゃんとも（なんとも）愉快なタイトルの本になりました。

〝猫たちの生き方が空海の教えに通じるものがある〟と〝なんと、約千二百年前の空海の生き方や教えがあなたの人生にとても役に立つ〟のダブル・ミーニングのタイトルです。

猫の魅力は、毛並みや匂い、やわらかな体、細くなったり真ん丸になったりする瞳などがあげられますが、その習性や行動に共感する人も多いでしょう。私もそのうちのひとりです。

自由気ままに生きている猫に、他人の目を気にせず、他と自分を比べないで生きる気楽さを夢見て重ね合わせる人もいます。猫に聞いたことはありませんが、実際はそれほど気楽ではないかもしれません。自由気ままに生きるのは、大きな自己責任をともなうからです。

空海も「迷いも悟りも、すべては自分の中にある」と、徹底した自己責任で悟りを目指しました。

日だまりの中で安心して居眠りしている猫に、心配したり、怯えたりせずに、居心地のよい場所でくつろぐ自分をオーバーラップさせる人もいるでしょう。猫はロケハンのように近所を歩く中で、「ここなら大丈夫」という場所を知っています。

空海は晩年、若いころに修行した中で発見し

た高野山で過ごすことが多くなります。「山の中にいないで都へ出てきてください」という手紙に「ここはとてもすばらしい所で、とても気に入っているのです」と断りの返事を出しているほどです。空海もまた居心地のよい場所を確保していたのです。

高い所にいるのが好きな猫に、日常から少し離れた場所で世界を俯瞰する理想の自分をダブらせる人もいるかもしれません。猫が高い所にいるのは、敵に襲われる危険性が少なく、仮に落ちても安全に着地できる自信があるからです。

空海も〝心を蝕む煩悩の危険性を取りのぞけば、世の中もありのままに見られるようになり、心おだやかな境地に着地できる〟という確信をもっていました。

猫はまるで、空海の教えを実践するように、自由で気高く、ぶれずに生きているように見えます。それをうらやましく思う人がいるかもしれません。

〝うらやましい〟は、自分がそうなりたいという願望を含む言葉です。ですから、そうなれるように努力すればいいでしょう（努力をしなければ、〝うらやましさ〟は相手を引きずりおろしたいという〝妬み〟に変わっていきます）。

本書では、猫のように自由に、気高く、ぶれずに生きていくヒントになる空海の名言、金言をご紹介しています。

猫の生き方に自分の理想の生き方を重ね合わせるように、本書が、空海の教えや悟りを猫の生き方の中にかいま見る一助になれば、空海の末裔の弟子としてとてもうれしいです。

では、猫をお伴に、空海に会う旅に出かけるとしましょう。

名取 芳彦
（なとり　ほうげん）

contents

はじめに……2

おわりに……124

空海著書……126

参考文献……127

chapter

1 日常が楽になる

no. 001-018

空海の言葉……8

001 幸も不幸も自分の中にある……10
002 身も心もキレイでいる……12
003 いつだって前向き……14
004 自分のキゲンは自分でとる……16
005 心にも栄養を！……18
006 何事にも動じない……20
007 むやみやたらに信じない……22
008 いつも心に道しるべを……24
009 いつだって大志を抱け！……26
010 世界はボク次第！……28
011 3つめの目を使う……30
012 1日2回は深呼吸……32
013 人はいつでも変われる……34
014 いい夢みろよ！……36
015 All you need is LOVE……38
016 難しく考えない……40
017 It's a Perfect World!……42
018 人にやさしく……44

contents

chapter 2

no. 019-036

人生を豊かにする

空海の言葉……48

019 能ある鷹は爪隠す……50
020 孤高に生きる……52
021 心のデトックスをしよう……54
022 そのままで、幸せ……56
023 誰かや何かのせいにしない……58
024 一日一褒め……60
025 こまかいことには目を瞑ろう……62
026 心は全てに投影される……64
027 マウントをとらない……66
028 自分をさらけ出せ！……68
029 どうせなら広い世界を見よう！……70
030 外見ばかり気にしてない？……72
031 どうせなら笑って暮らそう……74
032 自分の正解をうたがえ……76
033 欲ばらない……78
034 責任感が智恵を生む……80
035 思い込みは禁物……82
036 気高くあるために努力を惜しまない……84

chapter

3

no. 037-051

ありのままで幸せになる

空海の言葉……88

037 旅に出て、学ぼう……90
038 空気を読むな！……92
039 生まれたからには全力で生きる……94
040 まずはやってみる……96
041 窓を開けて風を感じよう……98
042 今だ！ 飛びつけ！……100
043 いつでもおだやかであれ……102
044 生きてるだけで奇跡……104
045 小さな幸せを見逃さない……106
046 ほとんどのことは大した問題じゃァニャイ……108
047 優先順位をまちがえない……110
048 満を持して待つ……112
049 小さいものの中にこそ大事なものがある……114
050 あらゆるところに仏様はいる……116
051 帰る場所があるから旅に出られる……118

chapter
1

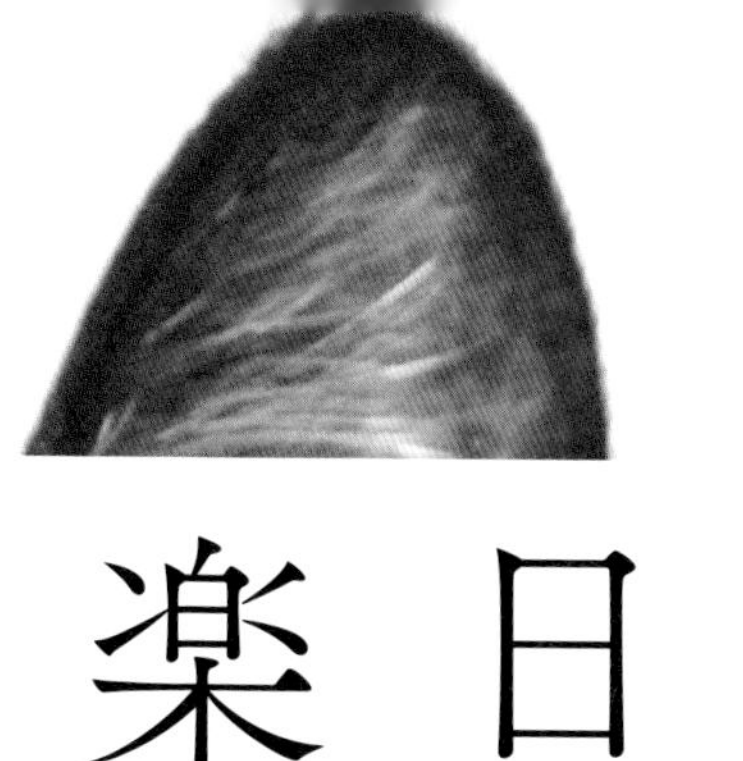

chapter 1 no. 001-018

日常が楽になる

——空海の言葉

幸も不幸も自分の中にある

おれ、野良だけど幸せ

〈空海のお言葉〉

それ仏法はるかにあらず、心中にしてすなわち近し、
真如外にあらず、身を棄てていずくにか求めん。

『般若心経秘鍵』

Modern Translation

仏の教えは遥か彼方にあるわけではなく、
私たちの心の中にあって、とても近くにある。
悟りの世界も私たちを離れて存在するわけではない。
自分を離れてそれを何処に求めようというのか。

自分が求めるものは遠くにはありません。「これが好き。あれは嫌い」と思っても、〝これ〟や〝あれ〟そのものがきれいだったり、汚れていたりするわけではありません。そう思っているのは、あくまで自分です。ですから、自分の心と向き合えば、遠くのものを求めなくても心は満たされます。

幸せや不幸も自分で決めていいし、決められます。自分を幸せだと思えない人に「あなたは幸せだよ」とアドバイスしても、それを聞いて「なるほど、考えてみれば、私は幸せだ」と思うかどうかは本人次第なのです。

求めるものは、あなたの中にあります。それを探す力も、あなたの中にあります。猫はそれがわかっているようにも見えてきませんか。

身も心もキレイでいる

〈空海のお言葉〉
まず計執を打って、然して後にまさに円明に入るべし。
『十住心論』

Modern Translation

まず自心の中にある身勝手な妄想を打ち破ってから、広々として晴れやかな、そして心おだやかな悟りの境地に入るべきである。

私たちは自分の利益を優先しがちです。悪口を言えば自分が偉くなったように勘違いする人もいます。ほかの人をわかろうとしないのに〝自分のことはわかってほしい〟とワガママな願いをもつ人もいるでしょう。なんでもわかっているような顔をしているのに、相手の都合を優先する寛容さがない人も佃煮にできるくらいいます。

居心地のよい部屋でくつろぐには、まず床にあるものを整理整頓し、掃除し、窓を開けて空気の入れ換えをします。猫も自分の居場所をきれいにすることを欠かしませんよね。同じように、荘厳で居心地のよい心の王宮に暮らすには、心の中に散らかっているはかりごとやとらわれを捨てたり片づけたりして、心の空気を入れ換えるのが先決です。

つらいときこそ笑え！

いつだって前向き

〈空海のお言葉〉

明暗皆ならず。一は強く、一は弱し。覚知強きときは、すなわち万徳円かなり。愚迷弱きときは、すなわち千殃侵す。『性霊集　第八』

Modern Translation

明るさと暗さは一つにならない。一方が強ければ一方は弱くなる。悟るための智恵が強く発揮されればあらゆる徳が完成する。迷いや愚かさのために明が弱ければ、多くのわざわいが我が身をさいなむ。

健康な状態と疲れている状態は両立しません。疲れていると、ネガティブな思考で物事を見聞きするようになります。そうなれば、疲れているのは体ではなく、心のほうでしょう。そのまま放置すれば「どうせ」が口癖になります。そうならないために、疲れは早めにとったほうがいいのです。猫だって疲れたら休みます。「どうせ」は、心の赤信号です。

体の疲れは休息で癒やせます。しかし、心を回復させるには、疲労の原因となっている自分のものの見方、考え方などをチェックして、心の中を明るくする必要があります。役に立つか立たないか、得か損か、効率がよいか悪いかなど、疑いもせずに信じこんできた価値観の中に、心を侵食しているものがあるかもしれません。

自分のキゲンは自分でとる

〈空海のお言葉〉

強弱他に非ず、我が心能くなす。
この義知らざれば、自他倶に労す。

『性霊集　第八』

Modern Translation

心の強弱は他の力が働くから起こるのではなく、
自分の心のあり方によって起こる。
この道理がわからないと、自他ともに心おだやかではいられなくなる。

「私は怒りたくないのに、怒らせる人がいるんです」と訴える人がいました。「どんなことであなたを怒らせるのですか」と聞くと、歩き方が遅いとか話し方がくどいとかいちいちうるさいとのことでした。怒れば自分の心が乱れます。怒りの矛先が向いた相手もオロオロするでしょう。「自他倶に労す」とはこのことです。

「歩くのが遅いのではなく、ゆっくりなだけ」「あなたにわかるように丁寧に話しているつもり」と軽くスルーすればいいではないですかとアドバイスしました。相手の言動に対して怒りを選択したのはほかでもない自分です。怒らないという選択肢もあります。心の天気は自分で晴らせます。すました顔をして歩いている猫は、怒らない選択をしているのかもしれませんよ。

心にも栄養を！

猫もお団子食べて
いいのかしら？

〈空海のお言葉〉
教法は本より差うことなし。牛と蛇との飲水の如し。牛が飲めば蘇乳となり、蛇が飲めば毒刺となる。『宗秘論』

Modern Translation

仏教の教えにもともと違いはない。
牛や蛇が飲む水のようなものだ。
牛が飲めばバターやミルクとなり、毒蛇が飲めば毒になる。

お釈迦さまは人によって説く内容を変えました。対機説法といいます。

目標達成のためにもう少し努力が必要な人には「がんばれ」と励まし、努力しすぎてクタクタになっている人には「がんばらなくてもいい」と説きました。どちらも〝相手の心がおだやかになるための方法〟を説いたのです。「がんばれ」か「がんばらなくていい」のどちらが正しく、どちらが間違いかという問題ではありません。

日々出合うさまざまなことを心をおだやかにするための材料にするか、不満の材料にするかはあなたしだいです。あなたは本書をなんのための材料にされるでしょう。せっかくですから、牛が水をミルクにするように、心をおだやかにするための材料にしていただけるとうれしいです。

no. 006

何事にも動じない

〈空海のお言葉〉

水外(すいげ)に波(なみ)なし、心内(しんない)すなわち境(きょう)なり。

『吽字義(うんじぎ)』

Modern Translation

水を離れて波はない。
波は水が変化した姿で、水と波を分けて見るのは私たちの心にほかならない。
同じように、迷ったり悟ったりするのは、私たちの心の中で起こることだ。

波を「水」といっても間違いではありません。波の本体は水だからです。空海は物事の本体や本質をいち早く見抜き、ぶれない生き方をする達人でした。

イライラや心配、混乱という感情は心という本体に対して、波のようなものです。悟りや喜びも、波といえるでしょう。波がおこるきっかけは外にあるものかもしれませんが、出来事や環境に対してどう思うかは、私たちの心のあり方によるのです。波も渦も、水から離すことはできません。すべての思いは自分の心が決めている、ということです。

なにをどうとらえてどう思うかは、あなたの心しだい。善(よ)き心のフィルターをもちましょう。

むやみやたらに信じない

〈空海のお言葉〉

妄心、もし起こらば、知って、随うことなかれ。『秘蔵宝鑰』

Modern Translation

心に妄想がわき起こったら、どうしてそれが起こったかを知り、その妄想に負けてはいけない。従ってはならない。

妄心は心を乱す心のあり方のこと。煩悩と同じ意味と考えていいでしょう。心おだやかな境地を目指す仏教にとって、真逆の方向に向かわせるのが妄心です。ところが、妄心を起こした本人は、それが妄心だとなかなか気づけないので厄介です。

「自分にもっと正直でいい」といわれます。この言葉は、自分を偽ってまで他人に迎合してクタクタになる人のためのものです。しかし、もともと自分に正直な人にとってこの言葉はお墨付きをもらったようなもの。その結果、自分にだけとことん正直で、他人には不誠実な人があちこちに出現することになります。

どんな考え方が妄心かわかるようになるには経験を積むしかありません。経験を積むと、それに従わない勇気もわいてきます。

いつも心に道しるべを

北極星
みーっけニャ

〈空海のお言葉〉

南斗は随い運れども、北極は移らず。

『秘蔵宝鑰』

Modern Translation

生を司るといわれる南斗六星は動き、めぐる。
しかし、北極星は動かない。
（仏も、悟りの境地も、北極星のように動かない。）

空海は、この言葉を座右の銘にしていたから、ぶれない生き方ができたのかもしれません。

環境や時代に合わせて私たちはそれなりに適応して生きています。しかし、心の中心には変わりゆく現実にいちいち対応しなくてもよい、動じない核心となるべきものをもっていなさいと空海は言うのです。

仏教の菩薩たちは、「自分より先に人を救う」という核心がぶれることはありません。時代、場所を問わず、いつもそこにあって動かない、どっしりとした北極星のような人生の道しるべを見つけられたらいいですね。

いつだって大志を抱け！

〈空海のお言葉〉

世間の父母は、ただ一期の肉身を育う。
国王の恩徳は凡人を助く。　『性霊集　第八』

Modern Translation

世間の父や母はある時期だけ子供を養う。
そして、国王は、人々の生活を助ける。
しかし、そうしたものを遥かにしのぐのが、
仏・法（教え）・僧（教えを伝える人）の三宝の徳なのだ。

空海は、高級官僚になってほしいという一族の期待を一身に受けて十八歳で大学に入りますが、儒教ばかり勉強することに納得できず、一年で退学します。その後、仏教の魅力に惹かれていき、二十三歳で書いた出家の宣言書で、「官僚になって親孝行をしたかったけれど、仏教者になって衆生を救うほうがずっと大きな親孝行になる」（意訳）と言っています。原文の「世間の父母」と「国王の恩徳」の比喩もこうした論法の延長です。

なにかの事情で転職するときは、空海と同じように、今以上に大きな目標を設定すれば転職の負い目は軽くなります。あなたを育て、救うのは、あなた自身の心なのです。

世界はボク次第！

さあ 冒険の始まりニャ

〈空海のお言葉〉

万法は心に従ってあり。舟行けば岸遷るといい、雲駃れば月走る。

『宗秘論』

Modern Translation

あらゆるものはあなたの心に従って意味づけされる。行く舟から見れば岸が移動しているように見え、雲が晴れれば月が一緒に走る。

どのような心で世界を見るかによって、世界の姿は一変します。お金はあくまで手段ですが、お金が目標になった人はお金持ちをうらやましく思います。空海より千年以上も前にソクラテスはこう言っています。「金持ちがどんなにその富を自慢しても、彼がその金をどのように使うかわかるまで、彼を褒めてはいけない」

今、自分が見ている世界がどのように見えるかによって、自分の心のあり方がわかります。心が清らかなら世界はワンダフル・ワールドに見え、やさしさに包まれればすべてのことがメッセージに見えるのです。子猫には、世界は遊園地に見えるでしょう。今のあなたには、どのような世界が見えていますか。

3つめの目を使う

猫はヒゲでも見ています

〈空海のお言葉〉

心暗きときはすなわち遇うところことごとく禍なり。
眼明かなれば途に触れて皆宝なり。

『性霊集　第八』

Modern Translation

心が煩悩の雲に覆われて暗ければ、人生は気に入らないことばかりだ。しかし、物事の本質を見抜く智恵の眼が開けば、人生で出合うことはどれも宝だとわかる。

「悪いことばかり起こって、なにかに祟られている気がするのですが」と相談されることがあります。私は邪気を祓うお経をとりあえず唱えます。そのあとに、身にふりかかった悪いことが〝その人にとって〟という、限定されたものかどうかを確認するために話を聞きます。

禍福は自分の都合どおりか否かで決まります。都合どおりでなければ禍、都合どおりなら福です。このとき、禍福の辻褄合わせに霊を登場させることがあります。都合どおりでない事態なら、肝心の自分の都合は放っておいて、「なにかの祟りに違いない」と辻褄を合わせたくなるのです。偽霊能者は、その辻褄合わせをします。ご注意ください。猫は占いを信じないし、占いに従って生きることもせず、自由に生きています。

1日2回は深呼吸

それ、あくび

〈空海のお言葉〉

澗水一杯朝に命を支え、山霞一咽夕に神を谷う。

『性霊集　第一』

Modern Translation

私は高野山で、朝には一杯の谷川の水を飲んで命をつなぎ、夕方になれば、山の霞をひと飲みして、精神を養っている。

晩年の空海は、活動の拠点だった都（京都）の東寺（教王護国寺）ではなく、修行の地として賜った高野山で過ごすことが多くなります。

都会のように多くの人間はおらず、富や名声を求めたりする必要のないこの場所で、朝は清らかな水を一杯飲み、夕方は山の霞を食べて心を養う。一度は都会にいたからこそ、圧倒的な自然のエネルギーの中に身を置いて、自然の霊気を心身に浴びる心地よさを空海は知ったのでしょう。

身近な範囲でかまいません。近くにある自然に多く触れることで、その疲れた心は癒やされるはずです。

no. 013

人はいつでも変われる

〈空海のお言葉〉

禿なる樹、定んで禿なるにあらず。

『秘蔵宝鑰』

Modern Translation

葉や花がすっかり落ちた木々も、春になれば葉がしげり、花が咲く。

（人も時がくれば必ず本来もっている仏心が出てくるものだ。）

空海は、仏と同じすばらしい性質（仏性）を人が持っているのに、それに気づこうともせず、煩悩のままに営々と月日を送っている凡夫の生き方を嘆きます。一方で、凡夫も仏性に気づけば心がおだやかになれることを重ねて説きます。過去多くの仏者たちが身をもってそれを証明してきたし、なによりも空海自身がそれを体験していたからにほかなりません。

〝人は変わらない〟は、自分の思いどおりにしてくれない人が変わらないことをあきらめるときの常套句ですが、空海は「そんなことはない。人はよりよく変われるのだ」と説きつづけます。

あなたのまわりにも、少し会わない間にステキになった人がいるでしょう。その人の真似をしてみてはいかがでしょう。

no. 014

いい夢みろよ！

〈空海のお言葉〉
文章は興に乗じて便ち作れ。
興なくんば睡るに任せよ。睡れば大いに神を養う。
『文鏡秘府論』

Modern Translation

創作を行なおうとするには、興趣の枠に乗じて作ること。
難渋しそうなときはすぐにやめて、心を疲れさせないように睡眠を取るといい。
眠れば詩興が枯渇することもなく、精神が疲労することもない。

多くの著作を残した空海は、文章の書き方についても著しています。

報告書や企画書、メールの返信はもちろん、心配事や悩みがあるときに、どうしようと思うだけで解決策が出なければ、いっそ眠ってしまったほうがいいというのです。眠ったあとに思わぬよいひらめきが降ってきたことがある人も、少なくないのではないでしょうか。

自分でも驚くようなアイデアを思いつくことを、空海は「神を養う」と言っています。言いかえれば、眠っているあいだに神秘的な潜在意識の領域にアクセスできているのかもしれません。

なにか行き詰まったときは、いっそ眠ってみるという方法を試してみてください。猫がよく眠るのも、もしかしたらなにかのアイデアがひらめくのを待っているのかもしれません。

All you need is LOVE

no. 015

♡

〈空海のお言葉〉

涅槃の山は福智を積んで高大なり。

『理趣経開題』

Modern Translation

心おだやかな悟りの山は、福や智恵が積み重なっていて、高く大きい。

空海が熱心に説いた教えのひとつに四摂があります。摂は「引き寄せる」という意で、四摂は人の心を引き寄せる人がもっている四つの徳のこと。人の上に立つ人が備えるべき徳ともいえます。

四つは、見返りを求めない（布施）・やさしい言葉を使う（愛語）・相手のためを考える（利行）・相手の立場になって一緒に動く（同事）です。これらの徳がある人のまわりには自然に人が集まってきます。

人気者になりたければ、この四つを実践すればいいのですが、それでは本末転倒。この四つを実践している人は、人気者になりたいとは思っていません。多くのことに感謝できる豊かな心と智恵を育んでいけば、心おだやかな境地に到達し、自然に人が集まってきます。

難しく考えない

〈空海のお言葉〉

今この能所の縁を観ずるに、またまた衆生因より生ず。展転して縁に従わば、誰をかその本となさん。かくの如く観察するときに、すなわち本不生際を知る。これ万法の本なり。『吽字義』

Modern Translation

ものを生み出す原因を観察していくと、
原因となることも多くの原因から生じているのがわかる。
次々に原因を突き詰めていくと、最終的な原因など見いだせない
本不生際というあり方を知ることができる。これがあらゆるものの根本である。

心おだやかになるために、仏教は物事の本質を探求して「なるほど、そういうことになっているのか」と道理を次々に明らかにします。しかし、「そうなっていること」がわかっても「なぜそうなっているのか」を問いつづけていくと、最後は「なぜだかわからないけど、そうなっている」としか答えられない領域にたどりつきます。これが「本不生際」です。仏教では始まりの始まりも、終わりの終わりもわからないけれど、そこはピュアで清浄な(自性清浄の)処だとします。

私は「わからないことをわからないとしておくのも大切な勇気」を座右の銘にしています。猫も「わからなくても、まっ、いっか」と達観したときに、あくびをしているように見えます。

It's a Perfect World!
水うめぇ〜

〈空海のお言葉〉

行行として円寂に至り、去去として原初に入る。
三界は客舎の如し、一心はこれ本居なり。

『般若心経秘鍵』

Modern Translation

自分の心を磨きながら行き、そしてまた行けば心おだやかな境地に至る。
逆に戻りつづければ悟りへの出発点である菩提心（悟りを求める心）に到達する。
この世の現象世界は仮の宿のようなもので菩提心こそが本来の住居なのだ。

原文は、『般若心経』について空海が独自の解釈をした『般若心経秘鍵』の一文です。あれが欲しい、これが足りない、あの人が妬ましい、私ばかり損をしている……そのような心持ちのままでは、あなたの日々の生活は一向に安定しません。『般若心経』で説かれる内容の出発点は「心おだやかでいたいと願う心だ」と、初心の大切さと偉大さを説きます。空海がたどりついたのは、世界はそのままですばらしいという境地でした。さまざまなこだわりや欲を捨てることができれば、そのとたんになにごともない日々を愛おしく感じられるようになります。

no.018

人にやさしく

怒らない、怒らない、
怒らな、怒、怒。

〈空海のお言葉〉

過を恕して新たならしむるこれを寛大といい、罪を宥めて臓を納るこれを含弘と称す。

『性霊集　第四』

Modern Translation

人は過ちを犯すものだ。その過ちを罰するのは当然だが、許して更生させる寛大さも必要だ。過ちを犯した者の事情を十分に考慮して、罪を許す包含力をもち、導いて輝かせることも大切だ。

原文は、罪を犯した人の情状酌量を求めるために書いた空海の手紙の一節です。短い文の中に「ゆるす」に関連する語句が並びます。

「相手を思いやり、同情してゆるす」が「恕」。「寛大な心で、大目に見てゆるす」が「宥」。原文にはありませんが、「許」は「相手の願いなどを聞き入れてゆるす」の意。「赦」は「すておいて責めないでゆるす」です。同じ「ゆるす」でもさまざまなゆるし方があるものですね。

だれかのことをゆるせずにいれば、つらいのは自分自身でしょう。原文を頼りにゆるすバリエーションを増やして、寛大な人になれたらいいですね。

chapter 2

chapter 2 | no. 019-036

人生を豊かにする

——空海の言葉

no. 019

能ある鷹は爪隠す

バッチリ隠してます

〈空海のお言葉〉

聖人の所為も光を和らげ物を利す。
且く其の塵に同じて其の足を濯がんには若かず。

『高野雑筆集』

Modern Translation

聖人の所行は*和光同塵が基本だ。
新しい境遇に身を置くなら、自らの才能をあらわにせず、
俗世に仲間入りして異を立てず、
塵多き濁った水で足を洗うにこしたことはない。

*仏が衆生を救うために、本来の姿を隠して世に現れること。

原文は、自分の才能や実力が周囲に認めてもらえず苛立っている人からもらった手紙への空海の返事の一部です。

キレキレの男やデキる女に憧れ、単純・素朴を厭い、まばゆいばかりの才能に嫉妬し、ほかの人と同じでは満足できない——それが原因で自分の人生が退屈だと思っているのなら、その価値観は思い切って転換しましょう。プライドを捨てて、泥にまみれることで気がつくことがあるはずです。かえって今の自分のほうがよいとすら思える心構えをもちましょう。

no. 020

孤高に生きる

野良こそ、我が人生

〈空海のお言葉〉
家もなく国もなし、郷属を離れたり。
子にあらず、臣にあらず、子として貧に安んず。
『性霊集　第一』

Modern Translation

私には守らなくてはいけない家もありません。
故郷や親族のもとを去り、家を継ぐ者でもないし、君に仕える者でもないのです。
ただ独り、貧しい暮らしに満足している身です。

都（京都）に出てきて話を聞かせてくださいという誘いに対する、高野山にいる空海からの返事「山中に何の楽かある」の一節。世間の人たちが大切にしている信条を逆手にとって、出家の立場を簡潔に表現している一文です。

住居、故郷、家族や親族とのつきあい、さらに、社会的な上下関係や富と無縁に生きているとサラリと述べて、それらを大切にしているために、かえって束縛されている人たちへの提言かもしれません。縛られていないぶん、高野山にいれば私は自由なのですと、静かに、そして力強く主張しているように感じます。

空海が拠り所にしていたのは、仲間や財産や富、名声などではなく、どこまでも自分の心でした。

no. 021

心のデトックスをしよう

寝たらスッキリした！

〈空海のお言葉〉

一一に微問して、惑を断じ、迷を尽くし、法を除き、言を絶し、性を見、解を生ず。

『十住心論』

Modern Translation

自分が心で何を基準にどう判断しているかという心のあり方を一つひとつチェックして、心の汚れを断ち、迷いから離れ、執着を除き、言語を絶し、本性を見ることで、悟りの境地が開けるのだ。

仏教に「煩悩即菩提（心の乱れはそのまま悟りの世界につながっている）」という言葉があります。なぜこんなことで心が乱れるのだろうと、勇気を出して自心に問うのが、心おだやかになる第一歩です。

だれかをバカにするのは、自分の土俵では自分のほうが強いことを知っているからです。そんな人とまともに組み合うのはバカげています。もしバカにされたら相手の土俵には乗らず、「私はあなたと土俵が違いますから」とスルーしましょう。

「あなたのことをみんな悪く言っている」と言われて心が乱れたら、この場合の「みんな」は多くても三人だと了解すれば「ふーん」ですみます。

no. 022

そのままで、幸せ

〈空海のお言葉〉

己有を識らず、貧これに過ぎたるはなし。

『吽字義』

Modern Translation

自分の奥底にすでに仏と同じものがあるのに、それに気づかないでいる。人にとってこれ以上の貧しさはない。

「相手になにかを与えることが大切なのではない。相手がもっているものに気づかせることが大事なのだ」という言葉があります。私がこの言葉に共感したのは、空海の「己有を識らず……」と共通する内容だからです。

仏教に「欲を少なくして足ることを知る（少欲知足）」という言葉があります。心を満たすには、欲を少なくすればいいのです。シンプルライフなどもその延長線上にある生き方です。「生きているだけでめっけもん」も少欲知足の一例です。猫も必要以上のものは欲しがりません。

こうしたことに気づく力は、すでに自分の中にあります。見つけてみてください。始めてみると楽しいですよ。

この服選んだの誰っ！

誰かや
何かのせいにしない

〈空海のお言葉〉

蓮を観じて自浄を知り、菓を見て心徳を覚る。

『般若心経秘鍵』

Modern Translation

泥中から生じても泥色に染まらない蓮の花は、悪い環境でもきれいに咲ける清浄な心が私たちにあることを示している。蓮はつぼみの中にすでに実がある。それを観察すれば私たちの中にも悟りの実があることがわかる。

蓮が仏教で大切なシンボルとして扱われる理由を述べた一文です。私の友人は亡くなる少し前、病床から友人たちに宛てて一通のメールを送りました。「自分の不幸を誰か（何か）のせいにしている人は、その誰か（何か）を許さない。許してしまうと自分の不幸の説明がつかなくなるからだ」

私のまわりに、自分の不幸を生まれた境遇のせいにして、愚痴と不平を何年も言いつづける人がいます。現在の環境に腰を据えて前に進めばいいのにと、私は半ばあきれ、哀れに思っていましたが、病床から友人が送ってくれたメールで謎が解けました。だれかのせいにしていれば、自分は不幸のままでいられるのです。幸せになる勇気がない人は、だれか（なにか）を言い訳にするのです。

一日一褒め

立っちできてえらくない？

〈空海のお言葉〉

日月星辰（にちげつせいしん）は、本（もと）より虚空（こくう）に住（じゅう）すれども、雲霧（うんむ）蔽虧（へいき）し、烟塵（えんじん）映覆（えいふく）す。『吽字義』

Modern Translation

太陽や月や星はいつも空にあるのだが、
雲や霧、煙や塵にさえぎられて見えないことがある。
同様に、私たちには誰にでも仏心があるのだが、
迷いの雲、煩悩の霧、欲の塵、エゴの煙にさえぎられて、
その素晴らしさがわからなくなっている。

私たちがもともと備えているものはいくつかあります。仏教では仏性といいます。日常でそれを感じられるのは笑顔でしょうか。笑顔でいられるのは心がおだやかな証拠です。

また、仏教には、嘘（うそ）、偽りのないものはすばらしいという生命観、世界観、宇宙観があります。生老病死（しょうろうびょうし）という命のプロセスにも嘘や偽りはありません。

対人関係では、人のよい所を見つけて褒める感性があげられるかもしれません。一日に一回くらいなら、あなたも人が喜びそうなことが言えるでしょう。今日、もしもまだ言っていなかったら、無理にでも言ってみませんか。言えれば、心の中の仏がひょっこり顔を出してくれます。

こまかいことには 目を瞑（つぶ）ろう

〈空海のお言葉〉

一切衆生は無上菩提の法器にあらざることなし。　『十住心論』

Modern Translation

すべての人は、心中に仏さまと同一の性質をもっている。
誰でも心の中に器があって、悟りを入れたり、安らぎの心を入れたりできる。

人の心を器にたとえた一文です。人によって器のイメージはさまざまでしょうが、私は昔からどんぶり派です。フルーツをまるごといくつも盛れるようなお皿を想像する人もいるでしょう。人の心の器に入るのは、この上なくすばらしい悟り（無上菩提）だと空海は言います。無上菩提は清濁を併せ呑む海のようにどこまでもおだやかな心です。

私たちの心は本来、入れるものによって形や大きさが変幻自在に変わり、なにかを入れるのに窮屈なこともなく、余ることもありません。心がモヤモヤしたり、ムシャクシャしたりするのは、心の器がそれを受け入れられずにあふれだしているのです。器をどこまで大きくしていけるか、挑戦してみましょう。猫はどんな心の器をもっているのでしょう。

影のほうがやせてる？
心は全てに投影される

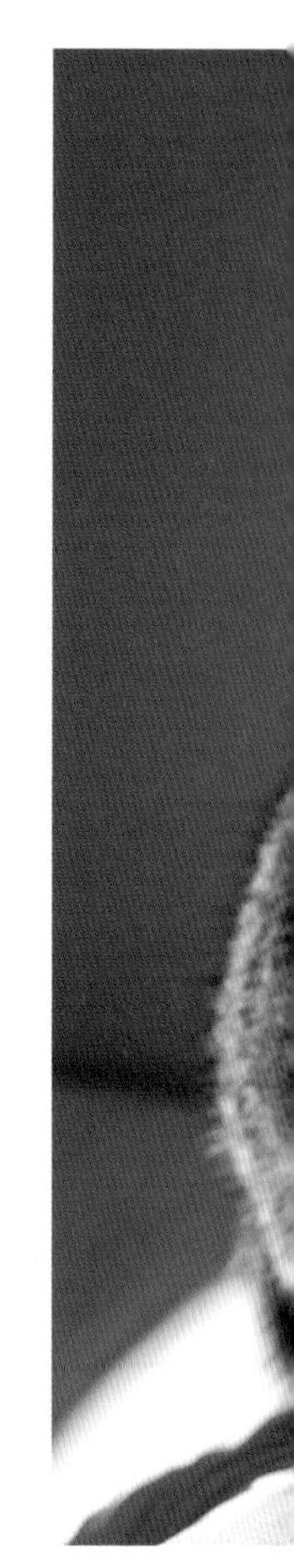

〈空海のお言葉〉

影(かげ)は形(かたち)に随(したが)って直(なお)く、響(きょう)は声(こえ)に逐(したが)って応(おう)ず。

『十住心論』

Modern Translation

影は形そのままを映す。
こだまは出した声の響きがそのまま返ってくる。
そのように、自分が直面する現実は自身の言動を反映している。

努力すれば必ず成功するわけではありませんが、成功するには努力が必要です。仮に成功しなくても、努力する中で得られるものは少なくありません。

自分の心の乱れにいち早く気づき、その原因を探って自分のワガママに気づいたり、是が非でも自分の都合を押し通そうとする愚かさに気づいたりしていくことで、心おだやかな日が少しずつ増えていきます。

花がきれいに見えるのは、見る人の心がきれいだからです。欲まみれの人が見れば、売ったらいくらになるかを計算するでしょう。その人の心がそのまま投影、反映されるのです。

こうした例は、あなたのまわりでたくさん見られますが、なにより自分がどのようにものを見ているかをチェックしたいものです。

マウントをとらない

〈空海のお言葉〉

高けれども奢らず、損すれども盈を招く。『吽字義』

Modern Translation

高い立場であっても傲慢になってはいけない。
たとえ損をしたように思っても
相手に誠心誠意接すれば、自分の心は満たされる。

原文は不動明王の徳を説いた一文。不動明王の姿は召し使いのそれで、仏たちの指示によって人々を救うために奔走します。その働きぶりと実力は、どの仏や菩薩も一目置くほどです。

しかし、本人はちっとも自分を偉いと思っていませんし、偉そうにもしていません。粉骨砕身して人々を救うことが、なによりうれしいのです。憤怒の形相ばかり注目されるのは気の毒だと思います。

自分が相手より高い立場にあってもおごらず、少々損をした気持ちになっても思いやりをもって接すれば、自分自身は満たされます。そうすれば、あなた自身もまわりも幸せにすることができるのです。

自分をさらけ出せ！

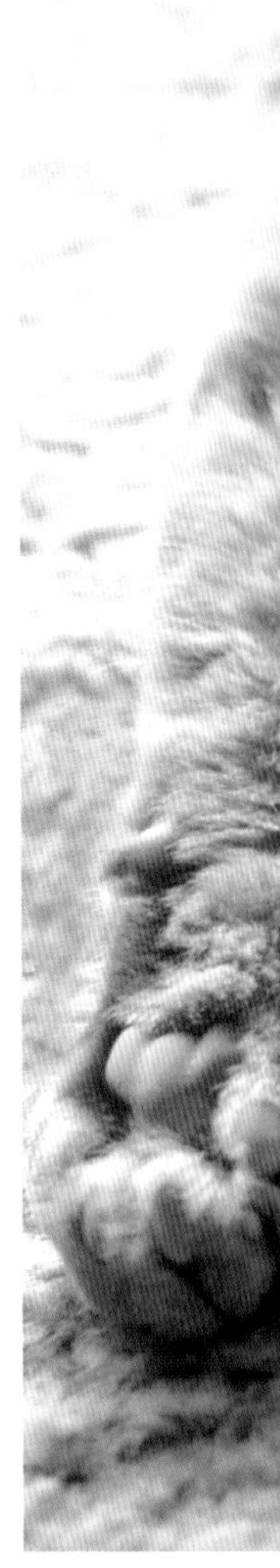

〈空海のお言葉〉

覆(くつが)えばすなわち長劫(じょうごう)に偽獄(ぎごく)に沈(しず)み、発陳(ほっちん)すれば仏(ほとけ)の真容(しんよう)を見(み)る。『金勝王経秘密伽陀(こんしょうおうきょうひみつかだ)』

Modern Translation

仏と同じ性質の本当の心に蓋(ふた)をしてしまえば一生苦しみの世界でもがくことになる。心の蓋をとりさえすれば、どこまでもおだやかな仏と同じ心が姿を現す。

他人への気づかいやユーモアのセンス、謙虚さなど、いいものをもっているのに、それを上手に使わない人があなたのまわりにもいるでしょう。

他人への気づかいは、相手のためだけを考えればいいのですが、嫌われたくないという自己防衛の裏返しの場合もあります。相手を傷つけないのがユーモアの基本なのに、人をバカにした下品なジョークを並べて得意になっている人もいます。謙虚さが高じて、人助けに乗り出せない人もいます。

自分がもっているすばらしいものに気づかなければ、この先も、自他ともに心おだやかになれません。気づいていない人には、積極的に笑顔でアドバイスしたいものです。

いつか
この柵の向こうへ！

どうせなら
広い世界を見よう！

〈空海のお言葉〉

木を食うの虫はなお皮木の外の味を知らず。

『宗秘論』

Modern Translation

木を食う虫は、木の皮の味しか知らない。

空海は「幅広い好奇心をもて」と言います。

日本文化の中で「オタク」と「マニア」が市民権をもつようになりました。一般的に、オタクはひとつのことにしか関心を示さない人（相手を呼ぶのに「おたく」という人が多いことからの称）。電車オタクは電車に関してすさまじい集中力を発揮します。一方、マニアはひとつのことだけでなく、それに関連することにまで興味をもち、関心を広げていく人に用いられることが多いようです。鉄道マニアは電車だけでなく、信号機や時刻表、組織などの知識も豊富です。その意味では、空海は実践派仏教マニア、行動派密教マニアだったのでしょう。井戸の中のかえるにならず、井戸の縁まで登って外を眺めてみませんか。猫だって、好奇心の塊です。

no. 030

かわいいだけじゃ
生きていけねえよ

外見ばかり
気にしてない？

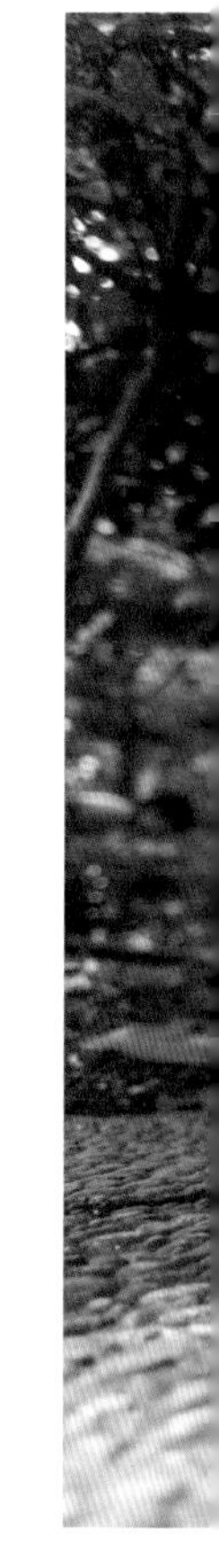

〈空海のお言葉〉

しかるに今、あらゆる僧尼、頭を剃って欲を剃らず、衣を染めて心を染めず。

『秘蔵宝鑰』

Modern Translation

ところで今、多くの仏者を見るとどうだろう。頭を剃っても欲を剃らず、衣を染めても心を仏色に染めていない。

原文は、形ばかりの僧に対する空海の嘆きと励ましの言葉。『遺教経』を意識したものでしょう。お釈迦さまの遺言とも言えるこのお経には〝おごりとへつらい〟について述べた部分があります。「まず剃った自分の頭をなでて、なぜ髪を剃ったのかを思い出しなさい。きれいな服を着るのをやめて泥や炭で染めた衣をまとい、食べ物を布施してもらっている自分の生き方を折にふれてかえりみるのです」と始まります。姿や形ばかりを気にしても、心がともなっていないとただの見せかけです。しかし、心があれば姿形がどんなものでもよいというのもまた、誤りです。姿は心の投影です。まずは身だしなみを整えて、気持ちもすっきりさせてみませんか。

どうせなら笑って暮らそう

こう見えて
笑ってます

〈空海のお言葉〉

迷悟己れにあり、執なくして到る。『十住心論』

Modern Translation

迷いも悟りも、どちらも私の心の中にある。迷いの原因となるとらわれを捨てれば、悟りの世界に到ることができる。

「迷悟おのれにあり(迷うも自分、悟るも自分)」。空海は少しでも心が乱れたとき、この言葉をどれほど自分に言い聞かせたことでしょう。人からよく見られたいとか、行なったことに見返りがあるのが当然だとか、自分がとらわれている価値観をチェックし、それが自分の心をおだやかにするのか、そうでないのかを心静かに考える時間を大切にしていたのです。悔しがり、泣き、怒って暮らすのも自分の一生ですが、笑って心おだやかに過ごすのも一生です。「あんなこと言われて(されて)悔しくないですか。怒らないのですか」と言われたとき、私は「そんなことで悔しがったり、怒ったりするほど、落ちぶれていないよ」と笑って答えるようにしています。

自分の正解をうたがえ

え、私って犬じゃないの？

〈空海のお言葉〉

痛狂(つうきょう)は酔(え)わざるを笑(わら)い、酷睡(こくすい)は覚者(かくしゃ)を嘲(あざけ)る。

『般若心経秘鍵』

Modern Translation

はなはだしく酔いしれる者は、かえって酔わない者を笑い、寝ぼけている者は、目が覚めている者をかえってあざけるものだ。

私たちは「自分が正しい」と、つい思いたくなります。しかし、親切な人を見て「結局、自己満足で、親切の押し売りみたいなもの」と言い放つ人より、実際に人に親切にできる人のほうがすてきです。お金持ちは貧乏人を笑うかもしれませんが、そんなお金持ちの心は豊かではないでしょう。年寄りを嫌う若者がいたり、逆に若者をバカにする年寄りもいたりしますが、いずれも「自分のほうが正しい、勝っている」というおごりが原因です。

こうしたおごりを戒める古歌があります。「盃(さかずき)一杯のおごりが、やがて大船を浮かべるほどになる」。気をつけたいものですね。

欲ばらない

〈空海のお言葉〉

生住(しょうじゅう)の夢虎(むこ)は有有(うう)を着愛(ちゃくあい)に呑み、
異滅(いめつ)の毒龍(どくりゅう)は我我(がが)を無知(むち)に吸(す)う。

『理趣経開題』

Modern Translation

自分や物事が生じ、存続すると夢見ている人の心に棲(す)む虎は
その人を煩悩と執着で苦しめる。変化し、消滅することをおそれている。
人の心の中に棲む毒龍は自我と所有するものでその人を束縛し、
物事がありのままにそこにあるという真実の姿から目をそむけさせてしまう。

人生の多くの時間を費やし、形あるものやお金を所有して増やすことに夢中になる人がいます。物質社会という猛虎に呑まれ、自分もいつしか満足を知らぬ貪欲な虎と化してしまっているようなものです。また、空海は人生は自分ただひとりで生きているわけではないのに、それに気がつかずに「私が」「僕が」と自分を最優先にするさまを毒龍と表現しました。

乱暴な心をもたずに磨きつづけて、自分の中に宝があることを知れば、生活に必要な最小限のもので満足できるようになるはずなのです。自らがもち、他人に決して奪われることのない心の宝に気がつくことができれば、あれも欲しい、これも欲しいと自身の欲に振り回されることもなくなるでしょう。

no. 034

責任感が智恵を生む

店番は私に任せて

〈空海のお言葉〉

君子は己を責め、小人は人を責む。『宗秘論』

Modern Translation

徳のある人は自分の不徳を反省し、徳のない人は他人のあら探しをして責める。

有徳の人は、自分の至らないところを自分磨きの材料にして福徳を増していきます。小徳の人は失敗などを他人のせいにするので、人間的な成長は難しいでしょう。また、優秀な人は自分の欠点を指摘してくれる人をそばに置き、自分への批判も貴重なアドバイスとして昇華させます。一方、裸の王さまは自分の言いなりになる人ばかりをそばに置き、満足します。

アイルランドの文学者バーナード・ショーは「人を賢くするのは過去の経験ではなく、未来への責任感である」と書いていますが、まったくそのとおりだと思います。空海のような有徳の人や優秀な人は、自分の将来だけでなく、まわりの人の未来に対する責任感が強いので、賢くなります。

思い込みは禁物

（鳩さんもいろいろ大変なんだよね）

〈空海のお言葉〉

末学の凡夫、強ちに胸臆に任せて難思の境界を判摂すべからず。
高きに居て低きを摂すれば功徳無量なり。劣を執して勝を潜さば、定んで深底に入る。
信ぜずんばあるべからず、慎まずんばあるべからず。『十住心論』

Modern Translation

仏法を学ぶ者は、自分が思議できない境界を無理に推考してはいけない。
高い所にいて低い所のものを収め取れば恵みは計り知れない。
劣ったものに執われ、勝れたものを隠せば深い底に落ちる。
それを信じ、慎まなければならない。

水面を滑るように移動する水鳥を見て、「気持ちよさそう」と呑気に思うようではまだまだです。空海は、自分にわからないことを勝手な臆測で判断しないほうがいいと戒めます。水鳥が水面下で暇なく足を動かしているのを知っている人は「たいへんだね。がんばって」とエールを送り、自分もがんばろうと思うでしょう。科学は予想したものを実験で証明する手法が用いられますが、哲学や宗教での身勝手な臆測は、争いのもとになることさえあります。日常では他人の噂話がいい例です。SNSでは、臆測の域を出ないことを断言するように書きこむ人がいるのはご承知のとおり。推測の域を出ない、争いの種になるようなことはまき散らさないように気をつけたいものです。

no. 036

我ら気高き
野良軍団

気高くあるために努力を惜しまない

〈空海のお言葉〉

仏は忍辱の鎧、精進の甲をもって、
持戒の馬に乗り、定の弓、慧の箭をもって、外には魔王の軍を摧き、
内には煩悩の賊を滅す。ゆえに仏と称するなり。『大日経開題』

Modern Translation

覚れる者は耐え忍ぶという鎧を着け、努力するという兜をかぶり、
生活規律を護るという馬に乗り、瞑想の弓と智恵の矢によって、
外には魔王の軍隊を砕き、内には悩みや迷いという悪賊を滅す。
だから覚れる者と称するのだ。

いつでも、どんなことがあっても心おだやかでいることを目指す仏たちを、武人の姿に重ね合わせて、わかりやすく説明するおもしろい一文です。それほど、仏たちは心おだやかになるために、心にさまざまな装備をしているということです。見栄や欲、プライドはもちろん不要です。

おもしろいので、煩悩の波に翻弄されている人（つまり、私）用に変えたバージョンをつくってみました。

「無関心という鎧を着け、自己優先という兜をかぶり、見栄という馬にまたがり、欲の弓に、損得の矢をつがえ、外には悪口を言って人をおとしめ、内には妬みと恨みの火を燃やす。ゆえに俗人、俗物と称す」

chapter 3

chapter 3 | no. 037-051

ありのまま幸せになる

——空海の言葉

旅に出て、学ぼう

雪って
冷たいんだニャ

〈空海のお言葉〉

尊もしくは卑、虚しく往きて実ちて帰る。『性霊集　第二』

Modern Translation

上流の人も庶民も（恵果阿闍梨の所へは）むなしい気持ちで出かけても、充実した心で帰ってくることができた。

原文は、中国で密教の奥義のすべてを授けてくれた恵果阿闍梨が亡くなったとき、千人以上の弟子の中から碑文を任された空海が、師の徳をたたえた一文。空海ファンには「虚往実帰」として親しまれている言葉です。同じ表現を、十八年かけてインドから膨大な仏教教典を持ち帰った玄奘三蔵をたたえる一節でも使用しています。

「出かけたらなにかつかんで、なにか得て、帰ってこい」は私の父の言葉。空海は二年間の中国留学で膨大な仏具、教典、思想を持ち帰りました。あなたもどこかへ出かけたら「虚往実帰」を意識してみてはいかがでしょう。どこかへ出かけた猫はいったいなにを持って帰ってくるでしょう。

空気を読むな！

飼い慣らされて

たまるか

〈空海のお言葉〉

云何が菩提とならば、いわく実の如く自心を知るなり。『秘蔵宝鑰』

Modern Translation

菩提（悟り）とは何かといえば、ありのままに自分の心を知ることだ。

悟りとは自分のありのままの心を知ることである—なんとなくわかったような、わからないような内容です。

もし、世間体を気にしている自分がいれば、本音は「本当なら、世間体など気にしないで生きたい」でしょう。お金が欲しいと躍起になれば、「できればお金になど翻弄されたくない」が本音でしょう。注目してもらおうとしてクタクタになるなら、「本当は注目なんかされなくてもいい自分でいたい」が本音でしょう。

そのような本音が〝本当の自分の心〟。そして、それが悟りの境地だと空海は言うのです。

「そうはいっても現実は本音では生きられない……」なんて、だれも決めていません。猫はいつだって本音で生きています。

no. 039

生まれたからには全力で生きる

遊びも全力！

〈空海のお言葉〉

それ生は我が願いにあらざれども、無明の父、我を生ず。
死は我が欲するにあらざれども、因業の鬼、我を殺す。

『教王経開題』

Modern Translation

そもそも人は自分で願って生まれるわけではなく、根源的な無明（根本的な無知）が原因となって生を受ける。死は望むところではないが、何かの原因に縁が加わり、情け容赦ない鬼が訪れて私たちの命を奪うのだ。

私たちは自ら望んでこの世に生まれたわけではありません。罰当たり息子や親不孝娘が親に向かって言う「生んでくれなんて頼んでない」は、その点で的を射ています。私たちが苦しいと感じるのは、自分の都合どおりにならないときです。その生の最後の苦は、死ななければならないということでしょう。しかし、うなだれることはありません。最初も最後も自分で決められないのです。人生は思いどおりにいかなくて当たり前。誕生というのは前向きな現象です。私たちは前向きにこの世に生を受けたのだと考えましょう。

まずはやってみる

〈空海のお言葉〉
妙薬篋に盈てども、嘗めずして益なし。　『性霊集　第十』

Modern Translation

たとえ妙薬が箱いっぱいにあっても、舐めなければ何の益もない。
(同じように、素晴らしい教えがあっても、それを実践しなければ何の役にも立たない。)

薬が薬箱にたくさん入っていても、病気になったときに服用しなければ意味がないというこの警句は、高い汎用性をもっています。〝箪笥の肥やし〟になっている衣類はありませんか。手段にすぎないお金を貯めることばかりに夢中になっていませんか。お金は使わないと価値がありませんし、その価値もわかりません。人生百年時代になった今、長生きだけを目標にするのは、薬箱にせっせと薬をためつづけているようなものかもしれません。

仏教がスタートして約千年後に空海は生まれました。千年の間に蓄えられたものを使わないともったいないと感じていたでしょう。現在は、空海からさらに約千二百年。せっかくの仏教の教えを生活や人生に活かしていきたいものです。

窓を開けて風を感じよう

〈空海のお言葉〉

春の華、秋の菊、笑って我に向えり。暁の月、朝の風、情塵を洗う。『性霊集　第一』

Modern Translation

春の花、秋の菊は私に笑いかけ、明け方の月や朝の風は俗念を洗い去ってくれる。

高野山で過ごす心豊かな日常の風光を描写した文章です。空海が自然とどのように向き合い、なにを感じていたかがよくわかります。春の花に顔を近づけて香りを楽しみ、フッと息を吹きかけたことでしょう。秋の野菊の花に関心をもつだけでなく、茎や葉をポンと指ではじいたかもしれません。明け方の月を見て「お釈迦さまもご覧になっていた月だ」と悟りへの決意を新たにしたかもしれません。朝、頬をなでる風にも「この風はどこで生まれたのだろう」と大きく息を吸ったことでしょう。

こうした感性をもつことで、対象としての自然は消え、自然と一体になれます。猫も自然とシンクロして生きているのかもしれません。

no. 042

今だ！飛びつけ！

エイヤッー

〈空海のお言葉〉

風燭（ふうしょく）滅（き）え易（やす）く、良辰（りょうしん）遇（あ）い難（がた）し。

『高野雑筆集』

Modern Translation

人の命は蠟燭（ろうそく）の火が少しの風で消えてしまうように儚い。儚い命を生きる中で、運の良い星の巡り合わせに出合うチャンスはなかなかない。

チャンスの神さまには前髪しかないといわれます。つかまえるなら神さまが前から来たときだけ。うしろからつかまえようとしても手遅れだというのです。

空海の伝記を読むと、驚くほどの強運の持ち主だったことがわかります。密教の教えで人々を救うという目標に向かって歩いていると、向こうからチャンスがやってくるのです。否、目の前にきた縁をチャンスに変えていったのでしょう。

チャンスをうまく使えたかどうかは結果論ですが、ひとつの目標に向かっていれば、縁を受信するアンテナの感度は自然に上がります。その縁をチャンスとして使えるかどうかは、その人の行動力にかかっているのです。生涯を通じて発揮された空海の行動力がそれを物語っています。

あなたは、猫の髭（ひげ）のような心のアンテナを張っていますか。

いつでもおだやかであれ

チチンプイプイ
おだやかにな〜れ〜

〈空海のお言葉〉

如来（にょらい）は実（じつ）に平等（びょうどう）にして、悲心（ひしん）普（あまね）ねからずということなし。『宗秘論』

Modern Translation

仏は何に対しても、誰に対しても平等の立場で、その慈悲の心はあまねく生きとし生けるものに注がれている。

「仏さまみたいな人がいるなら、どうして犯罪が起こったり、戦争が起こったりするんですか」とおっしゃる方に時々出会います。仏さまを全能の神と勘違いしていらっしゃるのでしょう。

仏教で説く仏は、私たちの運命を左右するような神ではありません。お釈迦さまはそのような神を否定する立場から仏教を説いたのです。「人をだましたり、力ずくで言うことをきかせようとしたりするワガママに気づいて、そこから離れ、心おだやかな境地を目指しなさい」と説きつづけているのです。おだやかな境地に至るための材料は、過去、現在、未来を通じて、だれにでも身近な所に、豊富に用意されています。その意味で、仏も、仏になるための材料もすべての人に平等で、特定の縁をもたないという意味で〝無縁〟です。

no. 044

生きてるだけで奇跡

〔 奇跡の集団 〕

〈空海のお言葉〉

生れ生れ生れ生れて生の始めに暗く
死に死に死に死んで死の終りに冥し。

『秘蔵宝鑰』

Modern Translation

自分がどこから生まれ、死んでどこへ行くのか、
生まれるというのはどういうことか、死とは何かという一大事を、
多くの人はなおざりにして人生を送る。
（この人生の根本的かつ難しい問題を解く鍵が密教にある。）

原文は、心の発達段階を十に分けたときの第一段階にいる、食欲と性欲に支配されて闇の中で迷っている人たちへの警句でもあります。私たちはどこから生まれてどこに行くのか、わからないなりに迷いながら、生と死について考えることがとても大切です。空海は繰り返される私たちの命を、無限の過去からつながり、そして無限の未来につながる永遠の中にあると言っています。さりげない親切や情熱をかけた仕事など、ささやかだとしても日常の行為がまわりに影響を与え、永遠の中に続いていくのです。そう考えると、「今の悩みや心配事は小さく、たいした問題ではない」と感じられます。

小さな幸せ

を見逃さない

〈空海のお言葉〉

近くして見難きはわが心、細にして空に遍ずるはわが仏なり。

『秘蔵宝鑰』

Modern Translation

あまりにも近いためにかえって見えにくいのは自分の心であり、微細であまねく遍在しているのが仏だ。

前半は、自分の心の中に悟りがあるのになかなか気づかないということですが、日常に即せば、「わが心」は自分が本当はなにを求め、なにを恐れているのかなどの心理を言っていると考えたほうが役に立ちます。自分の心が乱れるのは、都合どおりにしたいという欲があるからです。その欲が理に適っているのか、たんなるワガママなのかを観察しないと、心はおだやかになれません。勇気と根気がいる作業なので、ついおろそかにしがちですが、空海はその作業を怠りませんでした。

一方、真理という意味の仏は、砂粒ひとつの中にも、大宇宙にも遍在しています。

猫は、「わが心を探るのはちょっとねぇ。でも、仏さまにまわりを囲まれているんだから、まっ、それだけでいいニャン」と呑気にしているのかもしれません。

ほとんどのことは大した問題じゃニャイ

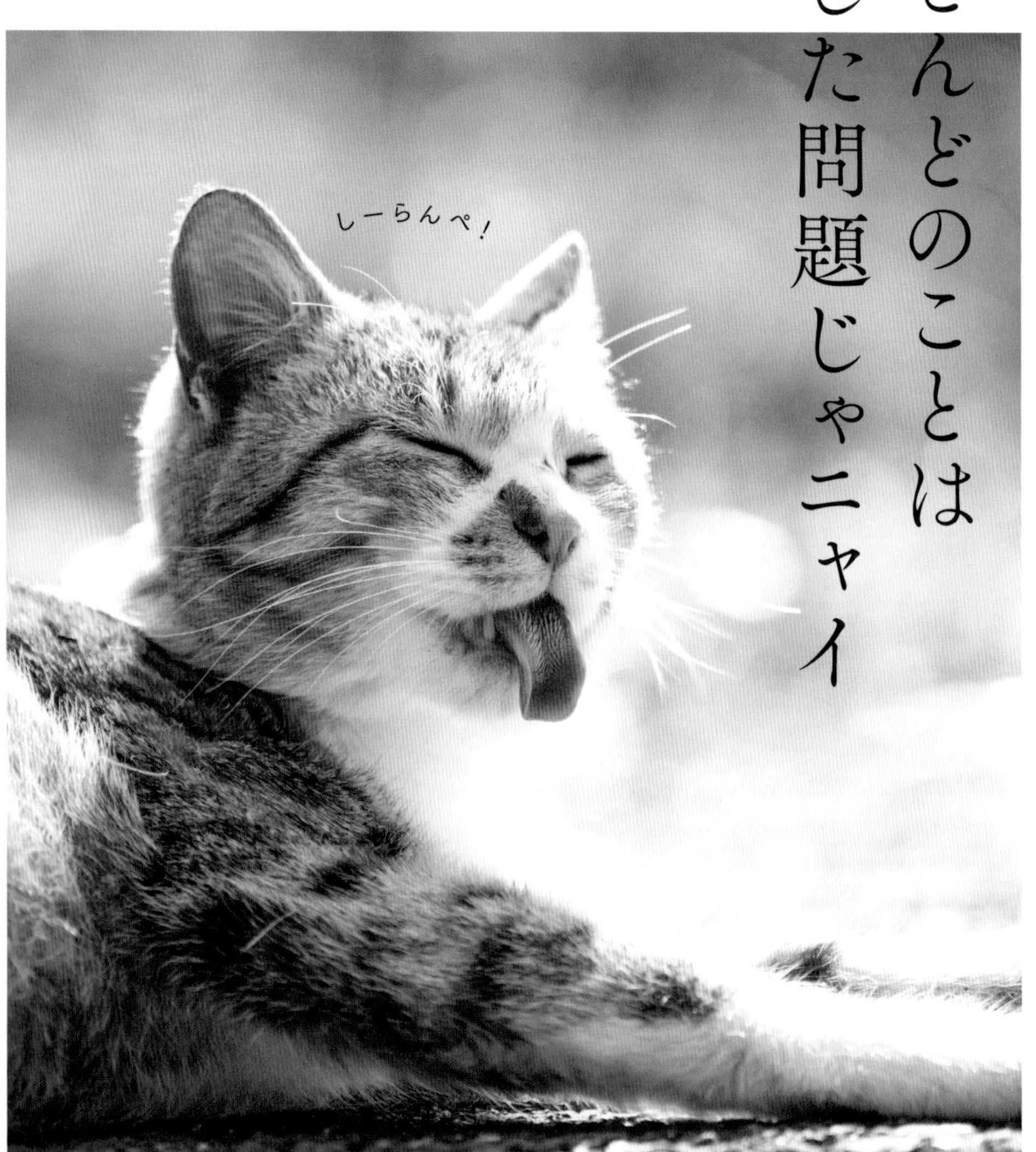

〈空海のお言葉〉
もし自心を知るはすなわち仏心を知るなり。
仏心を知るはすなわち衆生の心を知るなり。

『性霊集　第九』

Modern Translation

もし、自分の心の奥底をありのままに知ることができたら、それが仏の心を知ることになる。仏の心を如実に知ることができれば、生きとし生ける衆生の本心を知ることになる。

少しでも自分の心の乱れを感じたとき、空海は条件反射のように「迷うのも自分、悟るのも自分」という言葉を自分に言い聞かせていたでしょう。そうすることで、心の中でバラバラな方向を向き、乱れを生じさせていた心の矢印を「前へ、ならえ！」と号令をかけるように、悟りに向かうように整列させていったのです。

今あなたがもっている迷いや苦悩、怒りや不安は、自分が生み出したものです。ということは、その問題は自分自身の力で解決できるのです。

そのことに気がつくことができれば、あなたは自力で問題を解決できるだけでなく、人の悩みや苦しみにも共感し、手をさしのべることができるでしょう。

自分を救う力が他を救う力になるのです。

優先順位を まちがえない

〈空海のお言葉〉

毒箭（どくぜん）を抜（ぬ）かずして空（むな）しく来処（らいしょ）を問（と）う。『性霊集　第十』

Modern Translation

毒矢が刺さったらまず抜くのが先決だ。
その毒矢がどこから飛んできたのかなどの詮索は、抜いてからすればいい。
自身の苦しみを抜くのを後回しにしてはいけない。

毒矢のたとえは、仏教の有名な説話。ある男が毒矢で射られました。近くにいた人が毒矢を抜こうとすると、男は「待て。この毒矢がどこから飛んできたのか、だれが放ったのか、毒の種類はなにか、矢の羽に使われている鳥の種類はなにか。それがわかるまで抜くのは嫌だ」と言い張ります。そうしている間に毒が全身に回って男は死んでしまいます。この話は、自分がかかえている苦を除くことが大切で、ほかの問題などはあとからでいいというたとえです。おいしいご飯を食べるとか、きれいな服を着るとかの問題より、ほかに解決しなければならない心の問題があります。心配するのは、やることをやってからにしたいものです。猫だって、かゆい所があれば、まず掻（か）きます。

満を持して待つ

いつかこの家の子になる!

〈空海のお言葉〉

或いは行われ、或いは蔵る、時の変なり。
作ちに興り作ちに廃る、実に人に由れり。
時至り人叶うときは道無窮に被らしむ。

『性霊集　第五』

Modern Translation

仏教が時として世に行なわれ、時として世から隠れるのは、時の動きによる。突如として興ったり廃れたりするのは人による。時と人がそろえば、道は自然と開け、教えはきわまりなく弘まるのだ。

空海が言うように、時と人がそろうと物事が自然に動き始めます。逆にいえば、時と人がそろわないと物事は動き出しません。物事が動き出さないのは、まだ〝その時〟が来ていないか、〝その人〟がいないか、〝その人〟になっていないか、あるいは〝その時とその人〟の両方がそろっていないからです。私はなにかを躊躇して行動に移せないでいる自分を情けないと思ったとき、そのように考えます。そして、〝その時〟が来るまで、私が〝その人〟になるまで待とうと思います。空海は、こうした道理を踏まえて、いざというときに〝今がその時、私がその人〟と自覚して行動に移していました。じっとしている猫も、〝その時〟を待っているのかもしれません。

小さいものの中にこそ 大事なものがある

愛しき子たちよ!
この世は、夢や奇跡でいっぱいだ

〈空海のお言葉〉
重重帝網なるを即身と名づく。　『即身成仏義』

Modern Translation

帝釈天の宮殿内部に張られた網のつなぎ目の珠のように、互いが他のすべてを映しだしていることを即身という。

私たちを含めて、世界のあり方を表したのが「重重帝網」という世界観です。帝釈天の宮殿内部には、つなぎ目が鏡面の珠でできている巨大な網が張られているといいます。その珠のひとつをよく見ると、隣の珠だけでなく宮殿内部がすべて映しだされた荘厳な世界が広がっています。

同じように、私たちの心もやさしさや醜さ、美しさや気高さなど多くのものが渾然一体となっています。体も無数の細胞とそれらの細胞の働きによって構成されています。一枚の葉の中にも草木の命の営みが凝縮されています。空海はあらゆるものを重重帝網という世界観で見ていました。そんな見方をしていれば、スケールの大きい人にならないはずはありません。猫の瞳には、どんな世界が映りこんでいるのでしょう。

あらゆるところに仏様はいる

どう？ ボクの額にもいる？

〈空海のお言葉〉

法身の三密は繊芥に入れども迮からず、大虚に亘れども寛からず。
瓦石草木を簡ばず、人天鬼畜を択ばず。
何れの処にか遍ぜざらん。何物をか摂せざらんや。　『吽字義』

Modern Translation

大日如来の働き、表現、心はこまかい塵の中に入っても狭いということはなく、
大空に広がっても広すぎてあまることはない。
瓦や石や草木の別なく、人や天人、動物などの場所を選ばずに遍在していて、
あらゆるものを納めつくしている。

原文の「三密」は、身（体でやること）・口（口で言うこと）・意（心で思うこと）の三つ。私たちも仏も、もちろん猫も、この三つで生きています。人間や猫の場合は「三業」（業は行為の意）といいますが、仏の三密はどんなものにも反映されているとします。海岸に打ち寄せる波の形を仏の体として「波は水を離れて存在しない。仏も私の中にある」と見ることができます。波の砕ける音も、小さな泡がはじける音まで聞けば「大きな音に気をとられていると、微細な音に気づけないぞ」と仏が説法しているように感じられます。絶え間なく打ち寄せる波に、親が子を思う気持ちや仏の慈悲の心を重ね合わせることもできます。空海は、世界そのものを仏と見るだけでなく、微細なものの中にも仏やその教えを見る感性をもっていました。

帰る場所があるから旅に出られる

〈空海のお言葉〉
阿字の子が　阿字のふるさと　たちいでて
またたち帰る　阿字のふるさと　「御詠歌」

Modern Translation

私たちは命の源の大日如来から生を受け、
そして命の根源の大日如来に帰っていく。
そこは絶対安心の命のふるさとだ。

阿字は梵字の𑖀。密教の教主大日如来を表します。地球に生命が生まれて約四十億年。微生物が進化をとげて現在の私たちがいます。人間は精子と卵子が出合ってから四十週の間に生命四十億年の歴史をたどるといわれます。なぜ精子と卵子が受精すると命になるのかは、「そうなっているから」としか言えないでしょう。この「なぜだかわからないけど、そうなっている」状態も大日如来としてとらえます。言い換えれば、私たちだれもが大日如来の申し子、阿字の子です。そして、この世での寿命が尽きると、再び大日如来の世界に戻ります。

大日如来というバランスがとれた絶対安心の世界からポンと人として生まれ、死ぬとまたそこへ戻っていくという生命観の中に空海はいました。猫もまた阿字の子です。

おわりに

空海の生涯

名取 芳彦

空海は七七四年、現在の香川県善通寺市で、地方の豪族佐伯家の三男として生まれました（善通寺の善通は父の名）。幼名は真魚。その利発さから貴物と呼ばれました。

両親は、頭のよい真魚なら一族で最も出世し、国の高級官僚になれると期待します。たまたま母方の親戚に皇太子の家庭教師をしていた人がいたので、その人について猛勉強します。このときに学んだ中国古典や書道の技術などが、生涯を通して空海の底力になります。

十八歳で大学に入学しますが、当時の大学は貴族の子弟が十五歳で入学し、主に儒教を学び、卒業後は官僚になるための養成所のような場所でした。真魚はその雰囲気になじめず一年ほどで退学してしまいます。後になって、当時の心境を「育ててもらった恩に報いられなくなってしまった」とつづっています。

大学を去った真魚は、山岳修行者の中に入り、近畿地方や生まれ故郷の四国の各地で修行にあけくれます。この間に、名前を教海、如空、そして空海へと改めます。空海が修行した場所は、後に寺が建てられ、多くのお遍路さんがお参りする四国八十八カ所霊場として現在にいたっています。

二十代半ばになった空海は、大和久米寺で密教教典の『大日経』にめぐり合います。第一章を読んだ空海は、その教えが日本に伝わっていた仏教すべてを包みこむ教えだと直感します。しかし、第二章からは梵語ばかりで、さっぱりわかりません。その教えを究めているのは長安にいる恵果和尚しかいないと知った空海は、中国行きを決意します。

三十歳で中国に渡った空海は、二年足らずで恵果から密教のすべてを学び修め、土木、気象などの知識を得て、膨大な教典、密教法具とともに三十二歳で帰国します。

空海が持ち帰った密教は、仏の身（やること）、口（言うこと）、意（思うこと）を真似すれば、たちまち仏になれるという画期的な教えでした。

帰国したあとの空海は、密教で人々を救おうと、数多くの著作を残すだけでなく、日本一大きな溜池（満濃池）の修復工事や、日本初の庶民のための大学の設立など多方面にわたって活躍します。高野山を修行の地として朝廷から賜ったのは四十二歳のときです。

空海の願いは、五十九歳のときに高野山で行なった万灯会の願文に集約されます。

「虚空尽き、衆生尽き、涅槃尽きなば、我が願いも尽きなん（宇宙がなくなり、迷う人々がいなくなり、悟りさえなくなるまで、人々を救うという私の願いは尽きません）」

六十一歳になった空海は、高野山で息を引きとり、永久の瞑想に入ります。

それから八十六年後、朝廷から空海に「弘法」の大師号が贈られます。

その教えが今も輝く弘法大師・空海、その生涯をご紹介して結びとします。

空海著書　＊本書で引用した出典のみ。初出順

『般若心経秘鍵』

般若心経を密教経典としてとらえ、密教の立場から同経を解釈した書。般若心経が『大般若経』の精髄をまとめたものという説でなく、大般若菩薩の心中を説いたとする。

『十住心論』(『秘密曼荼羅十住心論』)

心のあり方を十種に区別して、菩提心の展開を示した書。多くの経論を援用して、すべての教えを網羅する密教の曼荼羅思想を緻密な構成で述べる。

『性霊集』(『遍照発揮性霊集』)

弟子の真済が編集した空海の書簡などを集めた全十巻からなる書。空海の根本精神、あるいは現実的な対処など、空海を知る上では欠かせない書。

『宗秘論』(『五部陀羅尼問答偈讃宗秘論』)

曼荼羅中の五部の諸尊の真言・陀羅尼の意義や功徳を、問答形式によって解きあかす書。

『吽字義』

密教における真言、陀羅尼の本質について、吽の一字の字相と字義を解説し、一字の中に実在の法身を見いだす密教的解釈論。

『秘蔵宝鑰』

『十住心論』の略論だが、本書は密教の秘密荘厳心と、他の九つの心のあり方とは一線を画した論点で書かれている。

『文鏡秘府論』

六朝時代から唐初期に中国で書かれた詩学書から、空海が詩論や論評を引用し、詩作について論じた指導書。

『理趣経開題』

『大楽金剛不空真実三摩耶経』(理趣経)の経題を一々の文字を解説し、同経の主旨を述べる書。仏教では一般的に否定される欲を、大欲に質的変化させるなど、密教の醍醐味を説く。

『高野雑筆集』

空海の書簡などを集めたもの。『性霊集』と同様に、空海を知る上で、生の息吹が感じられる貴重な資料と言える。

『金勝王経秘密伽陀』

弟子に「金勝王経」について説いてほしいと請われた空海が、「金光明最勝王経」十巻をひもとき、その趣旨を著したもの。

『大日経開題』

空海が密教と出合うきっかけとなった『大毘盧遮那成仏神変加持経』(大日経)の経題を、梵語の経題から解説した書。密教の主要思想が披瀝されている。

『教王経開題』

『大日経』とならんで、密教所依の二経のうち『金剛頂一切如来真実摂大乗現証大教王経』(金剛頂経)の経題から、概要を記す書。

『即身成仏義』

空海の即身成仏思想を組織的に論述した書。六大・四種曼荼羅・三密の理論によって、実践的かつ具体的な成仏論を展開し、即身成仏の可能性を立証している。

参考文献

『弘法大師著作全集 第一巻～第三巻』
勝又俊教編修（山喜房佛書林）

『弘法大師空海全集 第一巻～第八巻』
弘法大師空海全集編輯委員会編（筑摩書房）

『心が穏やかになる空海の言葉』
名取芳彦著（宝島社）

『空海 人生お遍路』
名取芳彦著（幻冬舎）

『ぶれない心をつくる
ポケット空海　道を照らす言葉』
名取芳彦監修（河出書房新社）

写真提供

アフロ（ハニー/Alamy/Biosphoto/imagebroker/Juniors Bildarchiv/mauritius images/Minden Pictures/plainpicture/Tierfotoagentur/WESTEND61/相澤秀仁＆相澤京子/生駒謙治/イマジオ/イメージナビ/イメージマート/ロイター/太田 威重/オフィスケー/小森正孝/佐々木信弥/竹林修/田ノ岡哲哉/名取和久/西村尚己/丹羽修/深尾竜騎/毎日新聞社/前田絵理子/山本つねお）

名取芳彦（なとり ほうげん）

1958年、東京都江戸川区生まれ。大正大学米英文学科を卒業後、英語教師を経て、江戸川区鹿骨の元結不動密蔵院住職となる。真言宗豊山派布教研究所所長、同宗派季刊誌『光明』編集委員。豊山流大師講（御詠歌）詠監。講演や執筆などの布教活動を精力的に行う。主な著書に『気にしない練習』（三笠書房）、『心が穏やかになる空海の言葉』（宝島社）、『和尚さんの一分で心を整えることば』（永岡書店）など、監修書に『チコちゃんと学ぶ チコっとブッダの言葉』（河出書房新社）など。著書・監修書は累計100万部を超える。

元結不動 密蔵院
〒133-0073
東京都江戸川区鹿骨4-2-3
https://www.mitsuzoin.com

staff　編集　松島由佳［コサエルワーク］
デザイン　高橋 良［chorus］

ニャンと空海（くうかい）

2024年6月7日　第1刷発行

著　者　名取芳彦
発行人　関川 誠
発行所　株式会社宝島社
〒102-8388
東京都千代田区一番町25番地
電話（営業）03-3234-4621
（編集）03-3239-0599
https://tkj.jp
印刷・製本　サンケイ総合印刷株式会社

ISBN 978-4-299-05422-7